# CONTIGO ES MEJOR
# 101 RETOS
# PARA PAREJAS

Contigo Es Mejor 101 Retos para Parejas
© 2025 Camila Reyes

Todos los derechos reservados.

Publicado por: Fresh Type Books
1621 Central Ave, Cheyenne, WY 82001, EE. UU.

Primera edición: junio de 2025
Impreso en: Los Estados Unidos

# ¡TU AVENTURA JUNTOS COMIENZA AQUÍ!

¡Bienvenidos a Contigo Es Mejor: 101 Retos para Parejas! Este no es solo un libro, es un espacio donde el amor, la diversión y la complicidad se unen para crear recuerdos únicos.

En estas páginas encontrarás 101 retos diseñados especialmente para que tú y tu pareja vivan experiencias inolvidables. Cada desafío está pensado para fortalecer su conexión, salir de la rutina y descubrir nuevas formas de disfrutar el tiempo juntos. Desde pequeñas aventuras hasta momentos llenos de risas, este libro será el compañero perfecto en su viaje como pareja.

Aquí podrán escribir sus pensamientos, pegar fotos de sus mejores momentos y calificar cada reto según lo que signifique para ustedes. Con cada página, estarán construyendo una cápsula de recuerdos que podrán revivir una y otra vez.

¿Listos para empezar? ¡El primer reto los está esperando!

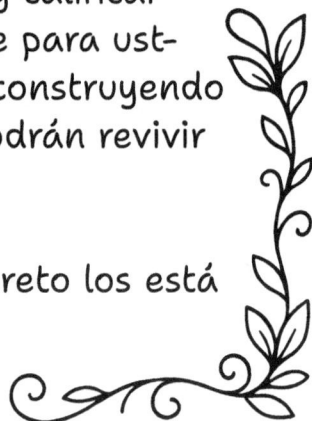

# 1. NOCHE DE PELÍCULAS CON TEMÁTICA

Organicen una noche de cine temática en casa. Elijan películas de un género específico (comedia, terror, etc.) y decoren el lugar acorde al tema.

TIEMPO

LUGAR

pega tu
foto aquí

¿Cuál fue la película favorita de ambos
y por qué?

TU PUNTUACIÓN

☆☆☆☆☆

# 2. PICNIC EN EL SALÓN

Transformen su sala en un lugar de picnic. Coloquen un mantel en el suelo y preparen bocadillos caseros para disfrutar juntos.

**TIEMPO**

**LUGAR**

pega tu
foto aquí

¿Qué les gustó más del picnic casero?

**TU PUNTUACIÓN**

☆ ☆ ☆ ☆ ☆

# 3. COCINAR JUNTOS UNA RECETA LOCAL

Busquen una receta típica de su región y prepárenla juntos. Dividan las tareas y disfruten del resultado.

TIEMPO

LUGAR

pega tu
foto aquí

¿Aprendieron algo nuevo cocinando juntos? ¿Qué cambiarían la próxima vez?

TU PUNTUACIÓN

☆ ☆ ☆ ☆ ☆

# 4. SESIÓN DE FOTOS DIVERTIDAS

FOTO

Monten una sesión de fotos en casa. Usen disfraces, fondos creativos o simplemente hagan caras divertidas frente a la cámara.

TIEMPO

LUGAR

pega tu
foto aquí

¿Cuál fue la foto más graciosa o creativa que tomaron?

TU PUNTUACIÓN

☆☆☆☆☆

# 5. CENA A LA LUZ DE LAS VELAS

Preparen una cena romántica en casa. Cocinen juntos, apaguen las luces y disfruten de la comida a la luz de las velas.

**TIEMPO**

**LUGAR**

pega tu
foto aquí

¿Qué parte de la cena les hizo sentir
más conectados?

**TU PUNTUACIÓN**

☆ ☆ ☆ ☆ ☆

# 6. DECORAR UNA HABITACIÓN JUNTOS

Elijan una habitación de su casa y decórenla juntos. Pueden usar luces, cuadros o elementos nuevos que representen a ambos.

**TIEMPO**

**LUGAR**

pega tu
foto aquí

¿Cómo se sintieron al transformar el espacio juntos?

**TU PUNTUACIÓN**

☆☆☆☆☆

# 7. DÍA DE VESTIRSE IGUAL

Elijan un color o un estilo específico y vístanse igual durante todo el día. ¡No olviden tomarse una foto juntos!

**TIEMPO**

**LUGAR**

pega tu
foto aquí

¿Cómo reaccionaron los demás al ver-
los vestidos igual?

**TU PUNTUACIÓN**

☆☆☆☆☆

# 8. ESCRIBIR UNA CARTA DE AMOR

Tómense unos minutos para escribir una carta de amor el uno al otro. Luego, lean las cartas en voz alta y guárdenlas como recuerdo.

**TIEMPO**

**LUGAR**

pega tu
foto aquí

¿Cómo se sintieron al escuchar la carta de su pareja?

**TU PUNTUACIÓN**

☆☆☆☆☆

# 9. HACER UN COLLAGE DE FOTOS DE AMBOS

Reúnan fotografías de sus momentos favoritos juntos y creen un collage. Pueden usar papel, pegamento y marcadores para decorarlo.

**TIEMPO**

**LUGAR**

pega tu
foto aquí

¿Qué foto trajo el recuerdo más especial?

**TU PUNTUACIÓN**

☆☆☆☆☆

# 10. KARAOKE EN CASA

Organicen una noche de karaoke en casa. Canten sus canciones favoritas, ¡no importa si desafinan!

TIEMPO

LUGAR

pega tu
foto aquí

¿Cuál fue la canción más divertida de interpretar?

TU PUNTUACIÓN

☆☆☆☆☆

# 11. DIBUJARSE EL UNO AL OTRO

Tómense turnos para dibujarse el uno al otro. No importa si no son artistas, ¡diviértanse con el intento!

TIEMPO

LUGAR

pega tu
foto aquí

¿Qué parte del dibujo fue la más difícil
o divertida?

TU PUNTUACIÓN

☆ ☆ ☆ ☆ ☆

# 12. PASEO EN BICICLETA

Salgan juntos a dar un paseo en bicicleta. Elijan un parque, una ruta tranquila o un lugar que les guste ex-
plorar.

TIEMPO

LUGAR

pega tu
foto aquí

¿Qué parte del paseo les hizo sentir
más conectados?

TU PUNTUACIÓN

☆☆☆☆☆

# 13. ESCRIBIR SUS SUEÑOS JUNTOS

Siéntense juntos y escriban una lista de sueños o metas que quieran cumplir como pareja. Pueden ser grandes o pequeños.

**TIEMPO**

**LUGAR**

pega tu
foto aquí

¿Cuál meta les emociona más trabajar
juntos para lograrla?

**TU PUNTUACIÓN**

☆ ☆ ☆ ☆ ☆

# 14. NOCHE DE JUEGOS DE MESA

Elijan su juego de mesa favorito o aprendan uno nuevo. Compitan o trabajen en equipo, según el juego que elijan.

TIEMPO

LUGAR

pega tu
foto aquí

¿Quién ganó más rondas? ¿Qué
aprendieron jugando juntos?

TU PUNTUACIÓN

☆ ☆ ☆ ☆ ☆

# 15. HACER UN RETO DE TIKTOK

Busquen un reto divertido en TikTok y háganlo juntos. Pueden ser bailes, lip-syncs o cualquier tendencia que les llame la atención.

TIEMPO

LUGAR

pega tu
foto aquí

¿Cuál fue la parte más divertida del reto?

TU PUNTUACIÓN

☆ ☆ ☆ ☆ ☆

# 16. CREAR UNA CÁPSULA DEL TIEMPO

Reúnan objetos y notas que representen su relación actual, guárdenlos en una caja y entiérrenla o guárdenla en un lugar especial.

TIEMPO

LUGAR

pega tu
foto aquí

¿Qué objeto fue el más simbólico para
ustedes?

TU PUNTUACIÓN

☆☆☆☆☆

# 17. HACER UN PICNIC AL ATARDECER

Empaquen comida sencilla y salgan a disfrutar de un picnic al atardecer. Busquen un lugar con una vista bonita.

**TIEMPO**

**LUGAR**

pega tu
foto aquí

¿Qué parte del atardecer fue la más
memorable?

**TU PUNTUACIÓN**

☆☆☆☆☆

# 18. CREAR UN ÁRBOL GENEALÓGICO

Investiguen juntos sus raíces familiares y creen un árbol genealógico. Comparen historias y descubran curiosidades.

**TIEMPO**

**LUGAR**

pega tu
foto aquí

¿Qué historia familiar les impactó más?

**TU PUNTUACIÓN**

☆☆☆☆☆

# 19. DECORAR EL ÁRBOL DE NAVIDAD

Si es temporada navideña, decoren juntos el árbol. Pueden incluir adornos que representen momentos especiales de su relación.

**TIEMPO**

**LUGAR**

pega tu
foto aquí

¿Cuál fue su adorno favorito y por qué?

**TU PUNTUACIÓN**

☆ ☆ ☆ ☆ ☆

# 20. APRENDER UNA COREOGRAFÍA

Elijan un video de baile y aprendan la coreografía juntos. Practiquen hasta que puedan grabarlo y compartirlo (si quieren).

**TIEMPO**

**LUGAR**

pega tu
foto aquí

¿Cómo se sintieron al coordinarse en el baile?

**TU PUNTUACIÓN**

☆☆☆☆☆

# 21. PLANTAR ALGO JUNTOS

Elijan una planta o semillas y planten algo juntos. Cuiden de la planta como símbolo de su relación.

TIEMPO

LUGAR

pega tu
foto aquí

¿Qué representa esta planta para ustedes como pareja?

TU PUNTUACIÓN

☆☆☆☆☆

# 22. EXPLORAR UN LUGAR NUEVO

Elijan un lugar cercano que nunca hayan visitado y exploren juntos. Puede ser un parque, un café o una tienda.

**TIEMPO**

**LUGAR**

pega tu
foto aquí

¿Qué descubrieron juntos en este lugar
nuevo?

**TU PUNTUACIÓN**

☆☆☆☆☆

# 23. HACER UNA CAMINATA NOCTURNA

Salgan juntos a caminar bajo la luz de la luna. Busquen un lugar tranquilo para disfrutar el silencio y las estrellas.

TIEMPO

LUGAR

pega tu
foto aquí

¿Qué sintieron al compartir el paseo
nocturno?

TU PUNTUACIÓN

☆☆☆☆☆

# 24. BAILAR BAJO LA LLUVIA

Si el clima lo permite, salgan a bailar bajo la lluvia. Olviden los paraguas y disfruten el momento espontáneo.

**TIEMPO**

**LUGAR**

pega tu
foto aquí

¿Qué sintieron al disfrutar juntos este momento tan natural?

**TU PUNTUACIÓN**

☆☆☆☆☆

# 25. HACER UN RETO DE YOGA EN PAREJA

Busquen en internet posturas de yoga para parejas e intenten hacerlas juntos. ¡No importa si no son expertos!

**TIEMPO**

**LUGAR**

pega tu
foto aquí

¿Qué postura fue la más difícil y cuál
la más divertida?

**TU PUNTUACIÓN**

☆☆☆☆☆

# 26. ORGANIZAR UNA BÚSQUEDA DEL TESORO

Crea pistas y oculten pequeños tesoros en casa o en un parque cercano. Tómense turnos para resolver las pistas.

TIEMPO

LUGAR

pega tu
foto aquí

¿Qué pista fue la más difícil o divertida de resolver?

TU PUNTUACIÓN

☆☆☆☆☆

# 27. JUGAR A SER TURISTAS EN SU CIUDAD

Visiten lugares turísticos de su ciudad como si fueran turistas. Tómense fotos, prueben comida local y disfruten la experiencia.

**TIEMPO**

**LUGAR**

pega tu
foto aquí

¿Qué descubrieron o redescubrieron
sobre su ciudad?

**TU PUNTUACIÓN**

☆ ☆ ☆ ☆ ☆

# 28. HACER MANUALIDADES DE TEMPORADA

Dependiendo de la temporada, hagan manualidades juntos. Pueden ser decoraciones de otoño, Navidad o cualquier otra festividad.

**TIEMPO**

**LUGAR**

pega tu
foto aquí

¿Qué parte de las manualidades les
hizo sentir más creativos?

**TU PUNTUACIÓN**

☆☆☆☆☆

# 29. ORGANIZAR UN DÍA DE CAMPING EN EL JARDÍN

Si tienen jardín, monten una tienda de campaña y pasen el día como si estuvieran acampando. Cocinen algo sencillo y cuenten historias.

TIEMPO

LUGAR

pega tu
foto aquí

¿Qué fue lo más divertido de este día de camping en casa?

TU PUNTUACIÓN

☆☆☆☆☆

61

# 30. GRABAR UN PODCAST JUNTOS

Elijan un tema que ambos disfruten y graben un mini podcast. Hablen de sus experiencias, gustos o cosas curiosas.

TIEMPO

LUGAR

pega tu
foto aquí

¿Qué tema les dio más para conversar?

TU PUNTUACIÓN

☆☆☆☆☆

# 31. CONSTRUIR UN PUZZLE GRANDE

Elijan un rompecabezas grande y armenlo juntos. Divídanse las secciones y trabajen como equipo.

TIEMPO

LUGAR

pega tu
foto aquí

¿Qué parte del rompecabezas fue la
más desafiante?

TU PUNTUACIÓN

☆ ☆ ☆ ☆ ☆

# 32. VER EL AMANECER O ATARDECER

Levántense temprano para ver el amanecer o salgan juntos a ver el atardecer. Lleven una manta y algo de beber.

**TIEMPO**

**LUGAR**

pega tu
foto aquí

¿Qué les inspiró más de este momento natural?

**TU PUNTUACIÓN**

☆☆☆☆☆

# 33. IR A UNA LIBRERÍA Y ELEGIR LIBROS PARA EL OTRO

Visiten una librería juntos y elijan un libro para el otro. Luego, explíquen por qué creen que le gustará.

**TIEMPO**

**LUGAR**

pega tu
foto aquí

¿Qué libro eligieron y por qué creen
que fue una buena elección?

**TU PUNTUACIÓN**

☆ ☆ ☆ ☆ ☆

# 34. EXPLORAR UN MERCADO LOCAL

Visiten un mercado local y recorran los puestos. Prueben algo nuevo o compren ingredientes para cocinar juntos.

**TIEMPO**

**LUGAR**

pega tu
foto aquí

¿Qué fue lo más interesante que encontraron en el mercado?

**TU PUNTUACIÓN**

☆ ☆ ☆ ☆ ☆

# 35. CREAR POSTALES PARA FAMILIARES O AMIGOS

Hagan postales a mano para enviar a familiares o amigos cercanos. Escríbanles buenos deseos y decoren las postales juntos.

TIEMPO

LUGAR

pega tu
foto aquí

¿Qué mensaje fue el más especial de escribir?

TU PUNTUACIÓN

☆☆☆☆☆

# 36. HACER UN TOUR GASTRONÓMICO EN CASA

Elijan diferentes recetas de diferentes países y preparen pequeños platillos para probar juntos. Transformen su cocina en un restaurante internacional.

**TIEMPO**

**LUGAR**

pega tu
foto aquí

¿Cuál de los platillos fue su favorito y por qué?

**TU PUNTUACIÓN**

☆☆☆☆☆

# 37. ARMAR UNA TORRE DE CARTAS

Intenten construir la torre de cartas más alta posible. Desafíense para ver quién logra mantenerla en pie más tiempo.

**TIEMPO**

**LUGAR**

pega tu
foto aquí

¿Cuál fue el mayor reto al construir la torre?

**TU PUNTUACIÓN**

☆☆☆☆☆

# 38. CREAR UN CÓDIGO SECRETO

VNLGR
MJQBB
ZFTTO
XIAAE

Inventen un código secreto entre los dos. Puede ser con símbolos, gestos o palabras clave. Úsenlo para mensajes privados.

**TIEMPO**

**LUGAR**

pega tu
foto aquí

¿Qué fue lo más divertido de crear su
propio código?

**TU PUNTUACIÓN**

☆ ☆ ☆ ☆ ☆

# 39. CREAR UN JUEGO DE MESA EN CASA

Inventen juntos un juego de mesa. Sean creativos con las reglas, el diseño y las fichas.

**TIEMPO**

**LUGAR**

pega tu
foto aquí

¿Qué parte del juego fue la más divertida de inventar?

**TU PUNTUACIÓN**

☆ ☆ ☆ ☆ ☆

# 40. HACER UN MINI HUERTO JUNTOS

Elijan hierbas o vegetales fáciles de cuidar y planten un mini huerto en casa. Cuiden las plantas juntos y disfruten los resultados.

**TIEMPO**

**LUGAR**

pega tu
foto aquí

¿Qué parte del proceso de plantar les conectó más?

**TU PUNTUACIÓN**

☆ ☆ ☆ ☆ ☆

# 41. ESCRIBIR UN DIARIO DE PAREJA

Empiecen un diario en conjunto. Alternen días o semanas para escribir algo sobre su relación, sus sueños o simplemente el día a día.

TIEMPO

LUGAR

pega tu
foto aquí

¿Qué parte del diario les hizo sentir
más conectados?

TU PUNTUACIÓN

☆☆☆☆☆

# 42. ESCRIBIR UNA NOTA Y ESCONDERLA

Escriban una nota romántica o divertida el uno para el otro y escóndanla en un lugar donde la encuentren después.

**TIEMPO**

**LUGAR**

pega tu
foto aquí

¿Cómo se sintieron al leer la nota del otro?

**TU PUNTUACIÓN**

☆☆☆☆☆

# 43. EXPLORAR TIENDAS DE SEGUNDA MANO

Visiten una tienda de segunda mano y busquen objetos únicos o ropa divertida. ¡Hagan un desfile con sus hallazgos!

**TIEMPO**

**LUGAR**

pega tu
foto aquí

¿Qué objeto o prenda fue el más especial que encontraron?

**TU PUNTUACIÓN**

☆ ☆ ☆ ☆ ☆

# 44. CONSTRUIR FIGURAS CON BLOQUES O LEGO

Usen bloques de construcción (tipo LEGO) para construir algo que represente su relación. Puede ser abstracto o literal.

TIEMPO

LUGAR

pega tu
foto aquí

¿Qué representa su construcción ter-
minada?

TU PUNTUACIÓN

☆ ☆ ☆ ☆ ☆

# 45. JUGAR VIDEOJUEGOS JUNTOS

Elijan un videojuego para jugar en pareja. Puede ser cooperativo o competitivo. ¡No olviden tomar fotos de sus momentos más épicos!

**TIEMPO**

**LUGAR**

pega tu
foto aquí

¿Quién ganó más rondas o desafíos en
el videojuego?

**TU PUNTUACIÓN**

☆ ☆ ☆ ☆ ☆

# 46. DISEÑAR POSTRES CON FRUTAS

Utilicen frutas para crear postres decorativos. Formen figuras, palabras o diseños únicos antes de comerlas.

TIEMPO

LUGAR

pega tu
foto aquí

¿Qué diseño de postre fue el más creativo?

TU PUNTUACIÓN

☆ ☆ ☆ ☆ ☆

# 47. TRANSFORMAR UN ESPACIO EN CASA

Elijan un rincón de su casa y transfórmenlo en un lugar especial. Puede ser un espacio de lectura, relajación o juegos.

TIEMPO

LUGAR

pega tu
foto aquí

¿Qué les gustó más del nuevo espacio
que crearon?

TU PUNTUACIÓN

☆☆☆☆☆

# 48. APRENDER UN JUEGO DE CARTAS NUEVO

Busquen un juego de cartas que no conozcan y aprendan las reglas juntos. Pasen la tarde jugando y mejorando sus estrategias.

TIEMPO

LUGAR

pega tu
foto aquí

¿Qué parte del juego fue más desafiante o emocionante?

TU PUNTUACIÓN

☆ ☆ ☆ ☆ ☆

# 49. PROBAR UN RESTAURANTE NUEVO

Elijan un restaurante que nunca hayan visitado y prueben algo nuevo. Pueden elegir un tipo de cocina diferente o un lugar recomendado.

**TIEMPO**

**LUGAR**

pega tu
foto aquí

¿Qué plato nuevo les sorprendió más?

**TU PUNTUACIÓN**

☆ ☆ ☆ ☆ ☆

# 50. VER UN DOCUMENTAL INSPIRADOR

Elijan un documental sobre un tema que les interese a ambos. Pueden aprender algo nuevo juntos mientras disfrutan de una tarde tranquila.

**TIEMPO**

**LUGAR**

pega tu
foto aquí

¿Qué aprendieron o discutieron
después de verlo?

**TU PUNTUACIÓN**

☆ ☆ ☆ ☆ ☆

# 51. APRENDER A HACER UN CÓCTEL

Elijan una receta de cóctel (con o sin alcohol) y prepárenlo juntos. Experimenten con ingredientes para hacerlo único.

TIEMPO

LUGAR

pega tu
foto aquí

¿Qué cóctel les gustaría volver a
preparar?

TU PUNTUACIÓN

☆☆☆☆☆

# 52. HACER UNA PISTA
# DE BAILE EN CASA

Transformen su sala en una pista de baile. Pongan música, apaguen las luces y usen linternas o velas para crear el ambiente.

**TIEMPO**

**LUGAR**

pega tu
foto aquí

¿Qué canción los hizo bailar con más entusiasmo?

**TU PUNTUACIÓN**

☆ ☆ ☆ ☆ ☆

# 53. ORGANIZAR UNA NOCHE DE TRIVIA

Escriban preguntas sobre su relación, gustos o recuerdos compartidos y compitan para ver quién responde más correctamente.

TIEMPO

LUGAR

pega tu
foto aquí

¿Qué pregunta les hizo recordar un momento especial?

TU PUNTUACIÓN

☆☆☆☆☆

# 54. RECREAR FOTOS VIEJAS

Busquen fotos antiguas de su relación y recreenlas en el presente. Intenten usar ropa y poses similares para comparar.

**TIEMPO**

**LUGAR**

pega tu
foto aquí

¿Qué foto les trajo más recuerdos o risas?

**TU PUNTUACIÓN**

☆☆☆☆☆

# 55. ESCRIBIR SUS PROPIOS VOTOS

Escriban votos o promesas para su relación. Pueden ser románticos, graciosos o llenos de sueños compartidos.

**TIEMPO**

**LUGAR**

pega tu
foto aquí

¿Qué voto les inspiró más para fortalecer su relación?

**TU PUNTUACIÓN**

☆ ☆ ☆ ☆ ☆

# 56. APRENDER A TOCAR UN INSTRUMENTO

Elijan un instrumento que les interese y aprendan algo básico buscando tutoriales. Pueden turnarse para tocar o aprender juntos.

TIEMPO

LUGAR

pega tu
foto aquí

¿Qué canción les gustaría aprender a tocar como pareja?

TU PUNTUACIÓN

☆ ☆ ☆ ☆ ☆

# 57. CREAR UNA MINI OBRA DE TEATRO

Escriban un guion corto y actúen juntos una mini obra de teatro. Pueden grabarla para compartirla o simplemente disfrutarla entre ustedes.

**TIEMPO**

**LUGAR**

pega tu
foto aquí

¿Qué parte de la obra fue la más divertida de actuar?

**TU PUNTUACIÓN**

☆☆☆☆☆

# 58. GRABAR UN VIDEO DE RUTINA DIARIA

Documenten un día típico en su relación. Graben pequeños momentos y editen un video para recordar su vida cotidiana.

TIEMPO

LUGAR

pega tu
foto aquí

¿Qué momento del día les hizo reflex-
ionar sobre su relación?

TU PUNTUACIÓN

☆☆☆☆☆

# 59. JUGAR A ADIVINAR CANCIONES

Pongan canciones aleatorias y compitan para adivinar el título o artis-
ta. ¡El que pierda puede preparar las
bebidas!

**TIEMPO**

**LUGAR**

pega tu
foto aquí

¿Qué canción les costó más adivinar?

**TU PUNTUACIÓN**

☆ ☆ ☆ ☆ ☆

# 60. DISEÑAR UNA TAZA PERSONALIZADA

Usen pinturas especiales para cerámica y decoren tazas con diseños que representen su relación. Úsenlas para sus bebidas favoritas.

**TIEMPO**

**LUGAR**

pega tu
foto aquí

¿Qué dibujo o mensaje en la taza resume mejor su relación?

**TU PUNTUACIÓN**

☆☆☆☆☆

# 61. EXPLORAR UNA GALERÍA DE ARTE

Visiten una galería o exposición de arte local. Hablen sobre las piezas que más les llamaron la atención y por qué.

**TIEMPO**

**LUGAR**

pega tu
foto aquí

¿Cuál obra de arte fue su favorita y por qué?

**TU PUNTUACIÓN**

☆ ☆ ☆ ☆ ☆

# 62. ORGANIZAR UN DÍA DE DESCONEXIÓN

Pasen un día completo sin usar tecnología. Dedíquense a conversar, leer juntos o disfrutar actividades desconectadas.

**TIEMPO**

**LUGAR**

pega tu
foto aquí

¿Qué aprendieron de pasar tiempo sin tecnología?

**TU PUNTUACIÓN**

☆ ☆ ☆ ☆ ☆

# 63. CREAR UNA MINI COMPETENCIA DE DEPORTES

Organicen una mini competencia deportiva en casa o en un parque. Incluyan juegos como lanzar aros, carreras de obstáculos o mini golf.

**TIEMPO**

**LUGAR**

pega tu
foto aquí

¿Qué juego fue el más divertido o competitivo?

**TU PUNTUACIÓN**

☆☆☆☆☆

# 64. PASEAR CON UNA MASCOTA O ADOPTAR UNA POR UN DÍA

Si tienen mascota, salgan juntos a pasear. Si no, busquen un refugio local donde puedan pasear perros y darles amor por un día.

**TIEMPO**

**LUGAR**

pega tu
foto aquí

¿Qué aprendieron del tiempo que
pasaron con los peludos amigos?

**TU PUNTUACIÓN**

☆ ☆ ☆ ☆ ☆

# 65. DISEÑAR SU PROPIA PIZZA

Compren masa de pizza y decoren cada quien su mitad con sus ingredientes favoritos. Compartan y prueben los sabores del otro.

**TIEMPO**

**LUGAR**

pega tu
foto aquí

¿Qué combinación de ingredientes fue
la más sabrosa?

**TU PUNTUACIÓN**

☆ ☆ ☆ ☆ ☆

# 66. PINTAR UNA TELA O CAMISA

Usen pintura para tela y decoren una camiseta o pañuelo con diseños que representen su relación.

**TIEMPO**

**LUGAR**

pega tu
foto aquí

¿Qué diseño les emocionó más crear juntos?

**TU PUNTUACIÓN**

☆ ☆ ☆ ☆ ☆

# 67. JUGAR A LAS 20 PREGUNTAS

Uno de ustedes piensa en algo (una persona, lugar o cosa) y el otro tiene 20 preguntas para adivinarlo. Cambien roles después.

**TIEMPO**

**LUGAR**

pega tu
foto aquí

¿Qué pregunta fue la clave para adivinar correctamente?

**TU PUNTUACIÓN**

☆ ☆ ☆ ☆ ☆

# 68. CONSTRUIR UNA CASA DE GALLETAS

Construyan juntos una casa de galletas con glaseado, caramelos y decoraciones. Compitan para ver quién decora mejor.

**TIEMPO**

**LUGAR**

pega tu
foto aquí

¿Qué parte de la construcción fue la más desafiante o divertida?

**TU PUNTUACIÓN**

☆ ☆ ☆ ☆ ☆

# 69. INVENTAR UN JUEGO DE PALABRAS

Usen letras o palabras al azar y formen frases románticas, graciosas o creativas. Hagan un reto para ver quién inventa las mejores frases.

**TIEMPO**

**LUGAR**

pega tu
foto aquí

¿Qué frase fue la más divertida o especial?

**TU PUNTUACIÓN**

☆ ☆ ☆ ☆ ☆

# 70. APRENDER A HACER UN NUDO DE CORBATA

Enséñense el uno al otro cómo hacer un nudo de corbata o de bufanda. Practiquen hasta que puedan hacerlo con los ojos cerrados.

**TIEMPO**

**LUGAR**

pega tu
foto aquí

¿Quién aprendió más rápido? ¿Qué parte fue la más difícil?

**TU PUNTUACIÓN**

☆ ☆ ☆ ☆ ☆

# 71. ORGANIZAR UN DÍA DE TEMÁTICA INFANTIL

Pasen un día como si fueran niños: coman golosinas, vean caricaturas y jueguen a sus juegos favoritos de la infancia.

TIEMPO

LUGAR

pega tu
foto aquí

¿Qué actividad infantil les trajo más
nostalgia o diversión?

TU PUNTUACIÓN

☆ ☆ ☆ ☆ ☆

# 72. TOMAR UN TOUR GRATUITO

Busquen un tour gratuito en su ciudad o una cercana. Aprendan sobre su historia y lugares interesantes mientras pasean.

TIEMPO

LUGAR

pega tu
foto aquí

¿Qué dato o lugar fue el más interesante del tour?

TU PUNTUACIÓN

☆ ☆ ☆ ☆ ☆

# 73. PARTICIPAR EN UNA FERIA LOCAL

Asistan a una feria o festival local. Disfruten de las atracciones, juegos, comida y música en vivo.

**TIEMPO**

**LUGAR**

pega tu
foto aquí

¿Qué actividad o juego fue el más
memorable de la feria?

**TU PUNTUACIÓN**

☆ ☆ ☆ ☆ ☆

# 74. HACER UNA RUTA DE COMIDA CALLEJERA

Recorran puestos de comida callejera y prueben diferentes platillos. Compartan y voten por su favorito.

**TIEMPO**

**LUGAR**

pega tu
foto aquí

¿Qué platillo callejero fue el más deli-
cioso o interesante?

**TU PUNTUACIÓN**

☆☆☆☆☆

# 75. EXPLORAR UN JARDÍN BOTÁNICO

Visiten un jardín botánico cercano. Caminen entre las plantas, tómense fotos y aprendan sobre la flora local.

**TIEMPO**

**LUGAR**

pega tu
foto aquí

¿Qué planta o flor fue la más sorpren-
dente o hermosa?

**TU PUNTUACIÓN**

☆☆☆☆☆

# 76. VOLAR UN DRON Y GRABAR VIDEOS

Si tienen acceso a un dron, utilícenlo para grabar videos creativos. Tomen tomas aéreas de lugares bonitos y edítenlas juntos.

**TIEMPO**

**LUGAR**

pega tu
foto aquí

¿Qué toma aérea les impresionó más?

**TU PUNTUACIÓN**

☆ ☆ ☆ ☆ ☆

# 77. JUGAR A LOS BOLOS

Vayan a una bolera y compitan para ver quién logra más puntos. ¡Celebren cada strike con un baile divertido!

**TIEMPO**

**LUGAR**

pega tu
foto aquí

¿Quién fue el mejor jugador? ¿Qué momento los hizo reír más?

**TU PUNTUACIÓN**

☆ ☆ ☆ ☆ ☆

# 78. VISITAR UN PARQUE NACIONAL

Elijan un parque nacional cercano y exploren sus senderos, ríos o cascadas. Lleven una cámara para documentar su aventura.

**TIEMPO**

**LUGAR**

pega tu
foto aquí

¿Qué lugar del parque fue el más impresionante?

**TU PUNTUACIÓN**

☆ ☆ ☆ ☆ ☆

# 79. PARTICIPAR EN UN EVENTO DE VOLUNTARIADO

Busquen un evento de voluntariado local, como plantar árboles, limpiar un parque o ayudar en un refugio. Hagan algo positivo juntos.

**TIEMPO**

**LUGAR**

pega tu
foto aquí

¿Qué aprendieron de la experiencia de ayudar como pareja?

**TU PUNTUACIÓN**

☆ ☆ ☆ ☆ ☆

# 80. HACER UNA CARRERA DE BICICLETAS

Salgan a dar un paseo en bicicleta y conviértanlo en una pequeña carrera. El ganador elige la próxima actividad.

**TIEMPO**

**LUGAR**

pega tu
foto aquí

¿Qué parte del recorrido fue la más
emocionante?

**TU PUNTUACIÓN**

☆ ☆ ☆ ☆ ☆

# 81. BAILAR EN UN EVENTO AL AIRE LIBRE

Busquen un evento con música en vivo al aire libre y bailen sin preocuparse por nada. Disfruten del ritmo y la compañía.

**TIEMPO**

**LUGAR**

pega tu
foto aquí

¿Qué canción los hizo bailar con más entusiasmo?

**TU PUNTUACIÓN**

☆☆☆☆☆

# 82. EXPLORAR UN RÍO EN KAYAK

Renten un kayak y exploren un río o lago cercano. Trabajen en equipo para remar y disfruten del agua y el paisaje.

TIEMPO

LUGAR

pega tu
foto aquí

¿Qué parte del recorrido fue la más tranquila o emocionante?

TU PUNTUACIÓN

☆☆☆☆☆

# 83. DISEÑAR UN TRAJE CON PAPEL HIGIÉNICO

Usen rollos de papel higiénico para diseñar trajes creativos. Uno de ustedes será el diseñador y el otro el modelo. ¡Hagan un desfile al final!

**TIEMPO**

**LUGAR**

pega tu
foto aquí

¿Qué diseño fue el más absurdo o divertido?

**TU PUNTUACIÓN**

☆ ☆ ☆ ☆ ☆

# 84. DECORAR UN PASTEL CON LOS OJOS VENDADOS

Intenten decorar un pastel mientras usan un antifaz. Pónganse turnos y compitan para ver quién hace el diseño más 'creativo'.

TIEMPO

LUGAR

pega tu
foto aquí

¿Qué parte del pastel fue la más graciosa de ver al final?

TU PUNTUACIÓN

☆ ☆ ☆ ☆ ☆

# 85. PINTAR CON LOS PIES

Aten un pincel a sus pies y traten de pintar un cuadro juntos. ¡No usen las manos! El reto es combinar creatividad y equilibrio.

**TIEMPO**

**LUGAR**

pega tu
foto aquí

¿Qué parte del dibujo fue más ines-
perada o divertida?

**TU PUNTUACIÓN**

☆ ☆ ☆ ☆ ☆

# 86. JUGAR A SER ESTATUAS INMORTALES

Pónganse en una pose absurda y permanezcan inmóviles mientras el otro intenta hacerlos reír. Cambien roles después de cada intento.

**TIEMPO**

**LUGAR**

pega tu
foto aquí

¿Qué técnica fue la más efectiva para hacer reír al otro?

**TU PUNTUACIÓN**

☆☆☆☆☆

# 87. HACER UNA CARRERA DE LANCHAS DE PAPEL

Hagan lanchas de papel y compitan soplando para moverlas en una tina o cubeta de agua. ¡El primero en llegar a la meta gana!

**TIEMPO**

**LUGAR**

pega tu
foto aquí

¿Qué técnica de soplido fue la más
efectiva o graciosa?

**TU PUNTUACIÓN**

☆☆☆☆☆

# 88. PROBAR COMIDA CON LOS OJOS VENDADOS

Hagan que el otro pruebe diferentes alimentos con los ojos vendados y adivine qué es. ¡Incluyan combinaciones inusuales para hacerlo más divertido!

**TIEMPO**

**LUGAR**

pega tu
foto aquí

¿Qué sabor fue el más inesperado o extraño?

**TU PUNTUACIÓN**

☆☆☆☆☆

# 89. INVENTAR UN BAILE CON PASOS RIDÍCULOS

Creen una coreografía con los pasos más absurdos posibles. Graben el baile y compártanlo con amigos para reírse juntos.

**TIEMPO**

**LUGAR**

pega tu
foto aquí

¿Qué paso fue el más creativo o ridículo?

**TU PUNTUACIÓN**

☆ ☆ ☆ ☆ ☆

# 90. COMPETENCIA DE EQUILIBRIO CON LIBROS

Compitan para ver quién puede caminar más lejos con una pila de libros en la cabeza. ¡El que pierda debe contar un chiste!

**TIEMPO**

**LUGAR**

pega tu
foto aquí

¿Quién tuvo el mejor equilibrio? ¿Qué chiste fue el más gracioso?

**TU PUNTUACIÓN**

☆ ☆ ☆ ☆ ☆

# 91. JUGAR A SER UN SUPERHÉROE Y VILLANO

Uno de ustedes será el superhéroe y el otro el villano. Inviertan los roles y actúen una batalla épica llena de bromas.

**TIEMPO**

**LUGAR**

pega tu
foto aquí

¿Qué parte de la batalla fue la más graciosa o exagerada?

**TU PUNTUACIÓN**

☆ ☆ ☆ ☆ ☆

# 92. HACER ANIMALES CON SOMBRAS DE MANOS

Apaguen las luces, usen una linterna y hagan figuras de animales con las manos. Compitan para ver quién inventa las mejores formas.

**TIEMPO**

**LUGAR**

pega tu
foto aquí

¿Qué figura fue la más creativa o
difícil de adivinar?

**TU PUNTUACIÓN**

☆ ☆ ☆ ☆ ☆

# 93. COMPETIR EN UNA CARRERA DE RANAS

Hagan una carrera en la que solo puedan moverse saltando como ranas. ¡El primero en llegar a la meta gana!

**TIEMPO**

**LUGAR**

pega tu
foto aquí

¿Quién fue la rana más ágil? ¿Qué los hizo reír más durante la carrera?

**TU PUNTUACIÓN**

☆☆☆☆☆

# 94. HACER UN DESFILE CON ROPA DE OTRAS DÉCADAS

Busquen ropa vieja o de otras décadas y hagan un desfile en casa. Añadan música y comentarios graciosos como si fueran críticos de moda.

**TIEMPO**

**LUGAR**

pega tu
foto aquí

¿Qué atuendo fue el más ridículo o divertido?

**TU PUNTUACIÓN**

☆☆☆☆☆

# 95. HACER UNA PELEA DE ALMOHADAS CON REGLAS RARAS

Tengan una pelea de almohadas, pero con reglas extrañas, como usar solo una mano o hacerlo en cámara lenta.

**TIEMPO**

**LUGAR**

pega tu
foto aquí

¿Qué regla fue la más difícil o divertida de seguir?

**TU PUNTUACIÓN**

☆☆☆☆☆

# 96. CREAR UN RETO DE LABERINTO HUMANO

Usen cuerdas o cinta para crear un laberinto en una habitación. Uno debe guiar al otro (con los ojos vendados) para superarlo.

TIEMPO

LUGAR

pega tu
foto aquí

¿Qué parte del laberinto fue la más
complicada o graciosa?

TU PUNTUACIÓN

☆☆☆☆☆

# 97. ORGANIZAR UN RALLY FOTOGRÁFICO

Cree una lista de cosas para fotografiar (como un pájaro o un edificio rojo). Compitan para ver quién puede encontrar y capturar más elementos en un tiempo limitado.

**TIEMPO**

**LUGAR**

pega tu
foto aquí

¿Qué foto fue la más creativa o difícil
de tomar?

**TU PUNTUACIÓN**

☆☆☆☆☆

# 98. BUSCAR CONCHAS EN LA PLAYA

Recojan conchas en la playa y hagan una pequeña competencia para ver quién encuentra las más únicas o grandes.

**TIEMPO**

**LUGAR**

pega tu
foto aquí

¿Qué concha fue la más especial o interesante?

**TU PUNTUACIÓN**

☆ ☆ ☆ ☆ ☆

# 99. HACER UN MAPA DE LUGARES ESPECIALES

Cree un mapa de los lugares que han sido importantes en su relación. Incluyan dónde se conocieron, su primera cita y otros momentos especiales.

**TIEMPO**

**LUGAR**

pega tu
foto aquí

¿Qué lugar les trajo los recuerdos más bonitos?

**TU PUNTUACIÓN**

☆ ☆ ☆ ☆ ☆

# 100. JUGAR FÚTBOL CON UNA PELOTA GIGANTE

Consigan una pelota inflable grande y jueguen fútbol en un parque. ¡El tamaño de la pelota hace que todo sea más caótico y divertido!

**TIEMPO**

**LUGAR**

pega tu
foto aquí

¿Qué momento del partido fue el más
gracioso o inesperado?

**TU PUNTUACIÓN**

☆☆☆☆☆

# 101. HACER UN CONCURSO DE CONSTRUCCIÓN EN LA ARENA

En la playa, compitan para construir el castillo de arena más grande, creativo o extraño. Declaren a un ganador al final.

TIEMPO

LUGAR

pega tu
foto aquí

¿Qué diseño o castillo fue el más impresionante o divertido?

TU PUNTUACIÓN

☆ ☆ ☆ ☆ ☆

# ¡EL AMOR SIEMPRE GANA!

¡Felicidades por completar Contigo Es Mejor: 101 Retos para Parejas! Este libro ahora está lleno de historias, risas, fotos y momentos que reflejan el amor único que comparten. Cada página es un recuerdo de lo lejos que han llegado juntos y de lo mucho que pueden lograr como equipo.

Recuerden que el verdadero reto está en seguir cultivando su conexión día a día. ¡Sigan disfrutando, descubriendo y creciendo como pareja! Porque al final, con amor, todo es posible.

¡Hasta la próxima aventura!